37
에우리디케를 찾아 나선 오르페우스

주니어RHK

신화의 가치

신화는 한 민족의 기원이나 역사적 · 종교적 · 문화적 삶의 모습을 보여 주는 옛이야기입니다. 주로 신과 영웅에 관한 이야기가 많고, 오랫동안 입에서 입으로 전해 내려왔다는 특징이 있지요.

우리가 살펴볼 그리스 로마 신화는 고대 그리스와 로마에 전해 오는 신화와 전설을 한데 묶은 것입니다. 그리스 로마 신화는 고대의 삶을 엿보게 해 주는 문화유산일 뿐만 아니라, 세계 여러 나라의 문학과 미술에 큰 영향을 끼쳤습니다. 하지만 문화적 가치만큼이나 중요한 것이 또 있습니다. 오래된 옛이야기이면서도 거기에 담긴 교훈적 가치가 오늘날에도 여전히 쓸모 있고 중요하다는 사실입니다.

놀랍지 않나요? 수천 년 전의 이야기가 어떻게 과학 문명이 고도로 발달한 오늘날에도 통하는 것일까요? 그것은 바로 그리스 로마 신화에 나오는 신과 영웅의 모습이 오늘날 우리의 모습과 다르지 않기 때문입니다. 신들도 우리처럼 분노하고, 질투하고, 실수를 하지요. 그런 모습을 보면서 우리는 깔깔 웃거나 눈물을 흘리고, 교훈과 감동을 얻습니다. 우리가 그리스 로마 신화를 읽어야 하는 까닭이 바로 이것입니다.

신화의 세계로 떠날 여러분에게 한마디 덧붙이자면, 신화는 우리에게 끝없는 상상력을 요구한다는 점입니다. 신화 속에는 수많은 은유와 상징이 곳곳에 널려 있지요. 따라서 신화를 읽을 때에는 상상력을 최대한 발휘하여 신화 속에 숨겨진 의미를 찾고, 그것을 자기 나름대로 재해석하는 과정이 필요합니다. 이렇게 읽었을 때에야 비로소 여러분 앞에 놀라운 삶의 이야기가 펼쳐질 것입니다.

자, 그럼 흥미진진한 신화의 세계 속으로 함께 떠나 볼까요?

온 세상 사람들이 사랑하는 뛰어난 음악가 오르페우스.
그는 아름다운 에우리디케를 만나 결혼합니다.
둘은 몹시 사랑했지만, 운명의 여신은 잔인하게도
에우리디케의 목숨을 앗아가고 맙니다.
과연 오르페우스는 어떻게 될까요?

주요 등장인물

⚜ 하데스 ⚜

죽은 자들이 사는 지하 세계를 다스리는 신이에요. 어느 날 우연히 땅 위로 올라왔다가 페르세포네의 아름다움에 반해 그녀를 지하 세계로 납치해요.

⚜ 페르세포네 ⚜

데메테르의 딸로 무척 아름다워요. 하데스에게 납치당해 그와 결혼하고 지하 세계의 여왕이 돼요.

⚜ 에우리디케 ⚜

숲의 님프로 무척 아름다워요. 남편이 된 오르페우스를 믿고 사랑해요. 하지만 어느 날 갑자기 닥친 불행으로 목숨을 잃고 사랑하는 오르페우스와 헤어지게 돼요.

⚜ 오르페우스 ⚜

고대 그리스의 뛰어난 음악가이자 시인이에요. 세상에서 가장 뛰어난 리라 연주와 노래 솜씨를 가졌어요. 아내 에우리디케를 몹시도 사랑해서 그녀가 죽자 지하 세계로 찾아가요.

1
아름다운 연주

세상 모든 것은 오르페우스의 노랫소리에 귀를 기울였습니다.

사람과 동물, 나무, 꽃, 바람까지

오르페우스의 음악을 사랑했습니다.

오르페우스는 트라키아의 왕 오이아그로스와 무사이 여신 중 한 명인 칼리오페 사이에서 태어났습니다. 무사이는 모두 아홉 명으로 학문과 예술의 여신들입니다. 칼리오페는 그 중 첫째 언니로 가장 아름다우며 음악 실력이 뛰어났습니다. 오르페우스는 그런 어머니의 재능을 물려받아서 노래를 잘 부르고 악기를 솜씨 좋게 연주했습니다.

게다가 오르페우스는 음악의 신 아폴론에게 직접 음악을 배웠습니다. 아폴론은 오르페우스에게 자신이 아끼는 리라를 선물로 주었습니다. 오르페우스는 세상 모두가 인정하는 최고의 음악가였습니다.

무사이와 칼리오페

〈칼리오페〉 외스타슈 르 쉬에르

'무사이'는 제우스와 기억의 여신 므네모시네 사이에서 태어난 여신들이에요. 모두 아홉 명으로 알려져 있는데, 한 명을 부를 때는 '무사'라고 해요. 학문과 예능의 여신으로 시와 음악에 뛰어났어요. 영어로는 '뮤즈(muse)'라고 하는데, 음악을 뜻하는 '뮤직(music)'과 미술관을 뜻하는 '뮤지엄(museum)'이 바로 '뮤즈'에서 온 말이에요.

오르페우스는 항상 리라를 켜며 노래를 불렀습니다. 오르페우스는 행복한 *연인들을 위해 노래를 부르기도 하고, 전쟁에서 이기고 돌아온 군인들을 위해 노래를 부르기도 했습니다. 누군가의 슬픔을 달래는 노랫말을 짓기도 하고, 축제의 흥겨움을 돋우기 위해

*연인 서로 사랑하는 관계에 있는 남녀.

리라를 연주하기도 했습니다.

오르페우스가 눈을 감고 리라를 켜기 시작하면 누구든 하던 일을 멈추었습니다. 밭을 갈던 사람들도, 서로 다투던 사람들도, 밥을 먹던 사람들도 하던 일을 멈추고 오르페우스의 연주 소리에 귀를 기울였습니다.

오르페우스의 연주는 잔뜩 화가 난 사람들의 마음도 눈 녹듯 누그러뜨렸습니다. 행복하고 따듯한 기운이 리라를 타고 사방에 퍼지는 것만 같았지요.

"조용히 좀 해 봐! 오르페우스가 리라를 *타기 시작했어."

"아, 오르페우스의 노랫소리는 얼마나 *감미로운지 몰라."

오르페우스의 노랫소리는 힘든 일로 지친 사람들의 기운을 북돋워 주었습니다.

*타다 악기의 줄을 퉁기거나 건반을 눌러 소리를 내다.
*감미롭다 달콤한 느낌이 있다.

골치 아픈 생각을 하던 사람들도 머리가 맑아져서 새 힘을 얻었습니다.

"난 말이야, 맛있는 음식을 먹을 때보다 오르페우스의 연주를 들을 때 더 행복한 것 같아."

"난 오르페우스의 연주를 듣고 있으면 사랑하는 사람과 함께 있는 것같이 느껴지던데!"

오르페우스의 음악을 사랑하는 것은 동물도 마찬가지였습니다. 오르페우스가 리라를 퉁기면 새들도 지저귀는 것을 멈췄습니다. 아름다운 종달새의 노랫소리도 오르페우스의 노래에 견주면 들을 것이 없었습니다. 토끼를 쫓던 사자도 달음질을 멈추고 귀를 기울였고, 달아나던 토끼도 멈추어 귀를 쫑긋 세웠습니다.

사람과 동물만 오르페우스의 음악을 즐겨 듣는 것이 아니었습니다. 꽃봉오리들은 오르페우스의 노랫소리에 맞춰 수줍게 벌어졌습니다. 나무는 둥치에 기댄 오르페우스 곁으로 가지를 늘어뜨렸습니다. 졸졸 흐르던 시냇물은 느리게 흐르면서 오르페우스

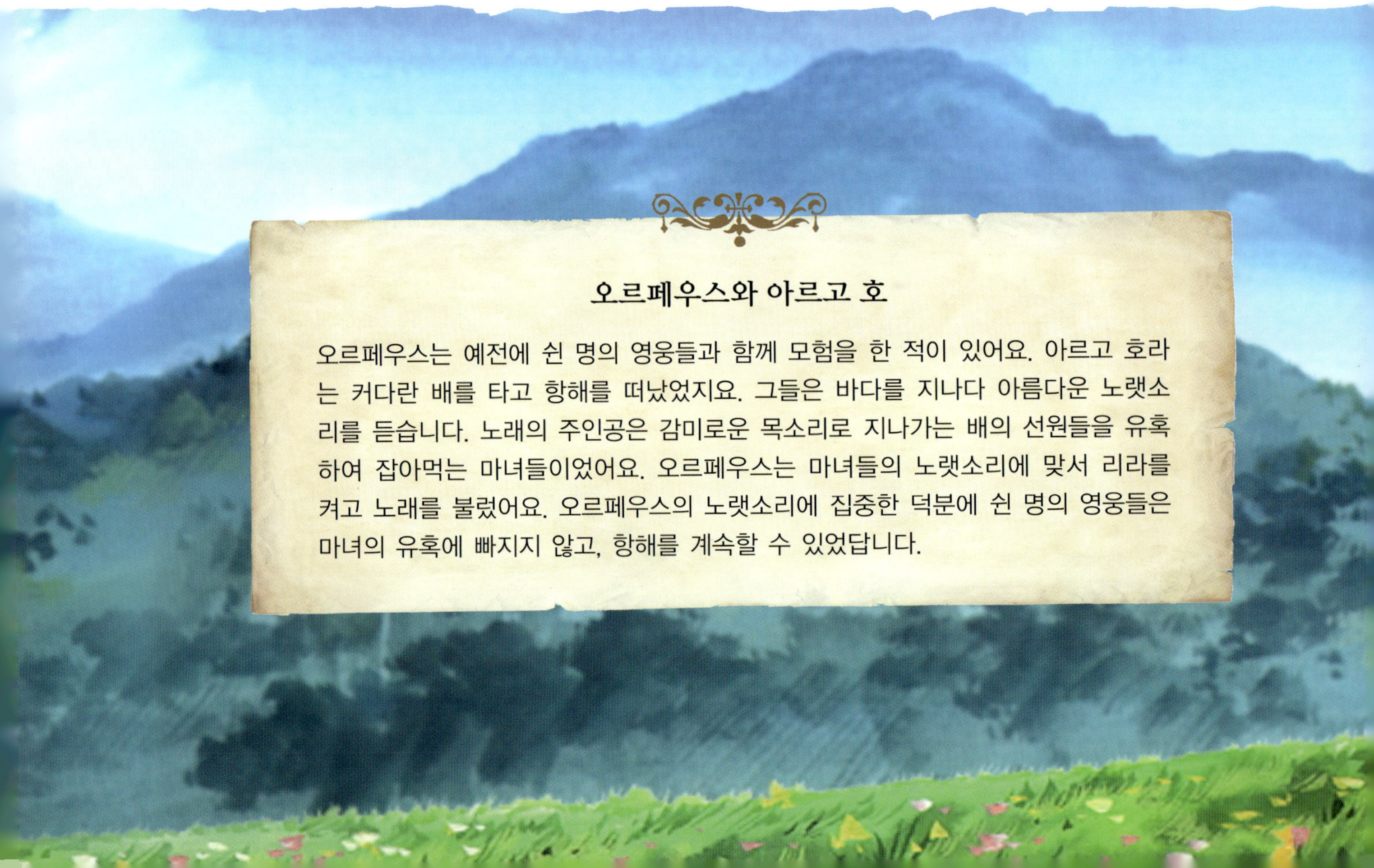

오르페우스와 아르고 호

오르페우스는 예전에 쉰 명의 영웅들과 함께 모험을 한 적이 있어요. 아르고 호라는 커다란 배를 타고 항해를 떠났었지요. 그들은 바다를 지나다 아름다운 노랫소리를 듣습니다. 노래의 주인공은 감미로운 목소리로 지나가는 배의 선원들을 유혹하여 잡아먹는 마녀들이었어요. 오르페우스는 마녀들의 노랫소리에 맞서 리라를 켜고 노래를 불렀어요. 오르페우스의 노랫소리에 집중한 덕분에 쉰 명의 영웅들은 마녀의 유혹에 빠지지 않고, 항해를 계속할 수 있었답니다.

의 노래를 들었고, 노랫 소리가 묻혀 버릴까 봐 세찬 바람도 *잦아들었습니다. 사납게 철썩이던 파도마저도 잔잔해졌습니다.

*잦아들다 뜬 기운이 가라앉아 잠잠해져 가다.

오르페우스가 리라를 켜고 노래를 할 동안, 세상 모든 것은 오르페우스의 노랫소리에 귀를 기울였습니다. 사람과 동물, 나무, 꽃, 바람까지 세상의 모든 것들이 오르페우스의 음악을 사랑했습니다.

2
오르페우스와 에우리디케

에우리디케는 날마다 남편의 달콤한 노랫소리를 들으며 잠에서 깼습니다. 오르페우스는 사랑스러운 아내의 얼굴을 바라보며 더욱 훌륭한 음악을 만들어 냈습니다.

그러던 어느 날, 오르페우스가 노랫말을 생각하며 숲을 거닐고 있을 때였습니다. 그의 눈앞에 눈부시도록 아리따운 여인이 나타났습니다. 오르페우스는 처음으로 음악이 아닌 여인에게 관심을 돌렸습니다.

"무척 아름다운 분이군요. 전 오르페우스라고 합니다."

여인은 수줍게 웃었습니다.

"전 에우리디케라고 해요. 숲의 님프랍니다."

오르페우스와 에우리디케는 한참 동안 서로를 바라보았습니다. 에우리디케도 오르페우스에게 첫눈에 반했던 것입니다. 이렇게 해서 오르페우스와 에우리디케는 사랑을 키워 나갔고, 얼마 뒤 많은 사람들의 축복을 받으며 결혼을 하게 되었습니다.

에우리디케를 위한 사랑의 노래가 결혼식장에 울려 퍼졌습니다. 신랑인 오르페우스가 부르는 그 어느 때보다 아름답고 사랑스러운 노래였습니다.

"정말 잘 어울리는 한 쌍이야."

"맞아. 둘이서 행복하게 살았으면 좋겠어."

결혼식에 온 사람들은 둘을 축복해 주었습니다. 오르페우스와 에우리디케는 세상 누구보다도 행복했습니다.

에우리디케는 날마다 남편의 달콤한 노랫소리를 들으며 잠에서 깼습니다. 오르페우스는 사랑스러운 아내의 얼굴을 바라보며 더욱 훌륭한 음악을 만들어 냈습니다.

어느 날, 에우리디케는 들로 산책을 나갔습니다. 따스한 바람이 불고 햇살이 내리쬐었습니다. 에우리디케는 나무 그늘에 앉아, 장미 꽃잎을 한 잎 한 잎 뜯으며 주문을 외웠습니다.

"우리의 사랑은 영원하다, 영원하지 않다, 영원하다, 영원하지 않다……."

그런데 그때 양치기 아리스타이오스가 에우리디케의 모습을 보았습니다. 아리스타이오스는 그녀의 아름다움에 넋을 잃고 말았지요. 아리스타이오스는 에우리디케에게 다가갔습니다.

"저, 아름다운 아가씨. 이름이 어떻게……."

"앗, 깜짝이야. 누, 누구세요?"

에우리디케는 겁을 잔뜩 집어먹고 양치기를 피해 달아나기 시작했습니다.

"아얏!"

정신없이 달아나던 에우리디케가 갑자기 비명을 지르며 쓰러졌습니다.

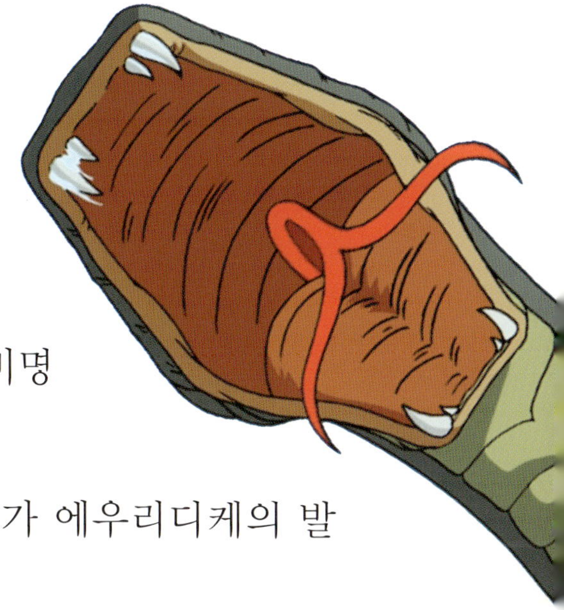

풀숲에 있던 무서운 독을 가진 뱀 한 마리가 에우리디케의 발목을 덥석 문 것입니다.

에우리디케는 곧 정신을 잃고 말았습니다. 그 사이 무시무시한 독은 에우리디케의 온몸으로 퍼져 나갔습니다.

이때, 어두운 숲 속에서는 모이라이 자매가 에우리디케의 *운명을 결정하고 있었습니다. 생명의 실을 뽑던 클로토는 에우리디케의 실을 뽑는 것을 멈추었습니다. 생명의 실을 감던 라케시스는 남은 생명의 실을 다 감아 버렸습니다. 그리고 아트로포스는 에우리디케의 생명의 실을 자르려고 가위를 들었습니다. 에우리디케의 목숨은 이제 다할 시간이 되었습니다.

*운명 인간을 포함한 모든 것을 지배하는 초인간적인 힘. 또는 그것에 의해 이미 정해져 있는 목숨이나 처지.

운명을 결정하는 여신, 모이라이

그리스 신화에는 '모이라이'라는 세 여신이 나오는데, 이 여신들에 의해 탄생과 운명, 그리고 죽음이 결정된다고 해요. 첫 번째 여신 클로토가 실을 뽑아내면 새로운 생명이 탄생하고, 두 번째 여신 라케시스가 실을 감으면 태어난 생명의 운명이 결정되지요. 그리고 마지막 아트로포스가 그 실을 가위로 자르면 생명이 다하고 죽음에 이른다고 해요. 모이라이는 특별한 감정에 얽매여 일을 하지 않아요. 다만 자신들이 맡은 임무를 묵묵히 할 뿐이랍니다. 모이라이가 결정한 일에 대해서는 신들조차도 세상의 질서를 위해 간섭하지 않았다고 해요.

뱀에 물린 에우리디케

〈에우리디케의 죽음〉 샤를 프랑수아 르뵈프

뱀에 물린 에우리디케의 모습을 표현한 조각상이에요. 에우리디케의 오른발에는 그녀를 죽음으로 몰고 갈 무서운 독사가 친친 휘감겨 있어요. 자신의 죽음을 예감한 듯 독사를 바라보는 에우리디케의 표정이 무척 슬퍼 보여요. 독사에게 물린 그 순간, 에우리디케는 아마도 사랑하는 오르페우스를 떠올리지 않았을까요?

한편, 에우리디케와 멀리 떨어진 곳에서 리라를 만지고 있던 오르페우스는 불길한 느낌에 사로잡혔습니다. 오르페우스는 곧 에우리디케를 찾아 나섰습니다. 하지만 그 어디에도 에우리디케의 모습은 보이지 않았습니다.

"에우리디케! 에우리디케, 어디 있나요, 에우리디케!"

숲과 들을 헤매던 오르페우스는 쓰러져 있는 에우리디케를 발견했습니다.

"에우리디케! 도대체 이게 무슨 일이오!"

오르페우스는 아내의 몸을 끌어안고 큰 소리로 울부짖었습니다. 하지만 에우리디케는 이미 세상을 떠나고 난 뒤였습니다.

3
지하 세계로 떠나는 오르페우스

'사랑하는 에우리디케를 돌려달라고

지하 세계의 왕 하데스에게 간청을 해 보자!

내 리라 연주와 노래라면 그를 설득할 수 있을지도 몰라!'

오르페우스는 큰 슬픔에 빠졌습니다. 아내가 없는 세상은 쓸쓸한 동굴과도 같았습니다. 오르페우스는 살아갈 힘을 잃었습니다.

오르페우스는 힘겨운 손길로 리라를 집어 들었습니다. 다섯 개의 현에서 슬프디슬픈 음악이 흘러나왔습니다. 오르페우스는 정신 나간 사람처럼 떠돌아다니며 슬프게 리라를 연주했습니다.

오르페우스의 리라 소리는 온 세상을 슬픔에 잠기게 만들었습니다. 활기차게 뛰놀던 동물들도 기운을 잃고 슬픔에 빠졌습니다. 사람들은 *연방 눈물을 훔쳤습니다.

*연방 잇따라 자꾸.

"불쌍한 오르페우스, 그렇게 에우리디케를 사랑했는데 정말 안 됐어."

"오르페우스의 슬픈 연주를 듣고 있으니 내 마음이 찢어질 것 같아."

오르페우스는 아내 에우리디케가 없는 현실을 받아들일 수 없었습니다.

오르페우스는 에우리디케가 그리워 견딜 수가 없었습니다.

'아, 에우리디케 없이는 도저히 살 수가 없다. 내 노래와 연주는 에우리디케를 위한 것인데, 정작 그녀는 내 노래를 듣지 못하는구나…….'

오르페우스는 에우리디케가 몹시 보고 싶었습니다. 그러다 문득 온 세상이 자신의 음악 소리에 귀 기울였다는 사실을 떠올렸습니다. 오르페우스는 에우리디케를 찾아 지하 세계로 가야겠다고 마음먹었습니다.

'사랑하는 에우리디케를 돌려달라고 지하 세계의 왕 하데스에게

간청을 해 보자! 내 리라 연주와 노래라면 하데스를 설득할 수 있을지도 몰라!'

오르페우스의 얼굴이 다시 희망의 빛으로 물들기 시작했습니다.

오르페우스는 서둘러 하데스가 있는 지하 세계로 발걸음을 재촉했습니다.

지하 세계는 살아 있는 사람은 결코 들어갈 수 없는 곳이었습니다. 하지만 오르페우스는 에우리디케를 다시 만날 수만 있다면 무슨 일이든 하겠다고 다짐했습니다. 오르페우스는 슬픔에 빠져 있던 마음을 *다잡고 리라를 챙겼습니다.

오르페우스는 온 세상을 떠돌기 시작했습니다. 지나가는 사람을 아무나 붙잡고 *저승으로 가는 길을 물었습니다. 구르는 돌과 부는 바람에게도 물어 보았습니다.

***다잡다** 다그쳐 단단히 잡다.
***저승** 사람이 죽은 뒤에 그 혼이 가서 산다고 하는 세상.

"지하 세계로 가는 길을 알려 주세요, 하데스 님을 꼭 만나야 합니다."

"가여운 오르페우스, 지하 세계는 산 사람이 갈 수 있는 곳이 아니에요. 그곳은 죽은 사람의 영혼들만 갈 수 있는 아주 깊고 어두운 곳이랍니다."

세상을 떠도는 바람이 슬픈 목소리로 대답했습니다.

하지만 오르페우스는 *포기하지 않았습니다. 세상의 끝에 나 있다는 지하 세계로 향하는 동굴을 찾아 밤낮으로 헤맸습니다.

*포기하다 하려던 일을 도중에 그만두어 버리다.

4
하데스를 찾아간 오르페우스

하데스는 금방이라도 오르페우스를
타르타로스의 불구덩이로 집어던질 것 같았습니다.
오르페우스는 이글거리는 하데스의 눈을
똑바로 쳐다보았습니다.

오르페우스는 드디어 지하 세계의 입구에 다다랐습니다. 끝 모를 어두운 구멍 앞에서 오르페우스는 몸이 오그라드는 것 같았습니다.

"하, 정말 무섭구나. 하지만 이리 들어가면 에우리디케를 만날 수 있겠지! 조금만 기다려요, 에우리디케……."

오르페우스는 리라를 꼭 움켜쥐었습니다.

앞이 보이지 않는 어두운 길은 끝도 없이 이어졌습니다. 오르페우스는 몹시 겁이 났지만, 에우리디케를 생각하며 씩씩하게 걸어 나갔습니다.

한참을 걷던 오르페우스의 귀에 어디선가 물소리가 들려왔습니다. 지하 세계 이야기를 들은 적이 있는 오르페우스는 그것이 아케론 강이 흐르는 소리라는 것을 깨달았습니다.

하데스가 사는 궁전에 이르려면 지하 세계에 흐르는 여러 개의 강을 건너야 했습니다. 그 가운데 첫 번째 강이 바로 아케론 강이었습니다. 강에는 나룻배 한 척이 떠 있고 그 안에는 *뱃사공 카론이 타고 있었습니다. 카론은 죽은 사람들의 영혼을 저승까지 데려다 주는 일을 했습니다. 고집이 세고 까다로운 카론은 산 사람이 배에 타는 것을 결코 허락하지 않았습니다.

"전 오르페우스라고 합니다. 하데스 님을 만나러 왔습니다."

카론은 오르페우스의 말을 듣고 *콧방귀를 뀌었습니다.

*뱃사공 배를 부리는 일을 직업으로 하는 사람.
*콧방귀를 뀌다 아니꼽거나 못마땅하여 남의 말을 들은 체 만 체 말대꾸를 아니하다.

지하 세계의 뱃사공, 카론

〈영혼들을 데리고 스틱스 강을 건너는 카론〉 알렉산더 리토브첸코

카론은 어둠의 신 에레보스와 밤의 여신 닉스 사이에서 태어났어요. 쇠가죽으로 된 배에 죽은 자들을 태워 아케론 강에서 스틱스 강까지 데려다 주는데, 통행료를 내는 사람들만 무사히 지하 세계로 안내해 주었다고 해요. 그래서 고대 그리스에서는 죽은 자들을 묻을 때 입에 동전을 물려주는 풍습이 있었어요. 이 돈이 없으면 지하 세계로 가지 못 해, 영혼이 안식을 얻지 못 하고 떠돌게 된다고 믿었답니다.

“별꼴을 다 보겠군. 멀쩡하게 산 사람이 여긴 뭣 하러 왔느냐! 냉큼 사라져라! 넌 절대로 태울 수 없다.”

오르페우스는 카론에게 *애원했습니다.

“제발 부탁입니다. 제 목숨보다 소중한 사람이 지하 세계에 있습니다. 저는 그 사람을 꼭 만나야 합니다. 제발 저를 태워 주십시오.”

오르페우스의 말에 카론은 버럭 소리를 질렀습니다.

“이것 봐! 너만 사랑하는 사람을 지하 세계로 보낸 게 아니야!

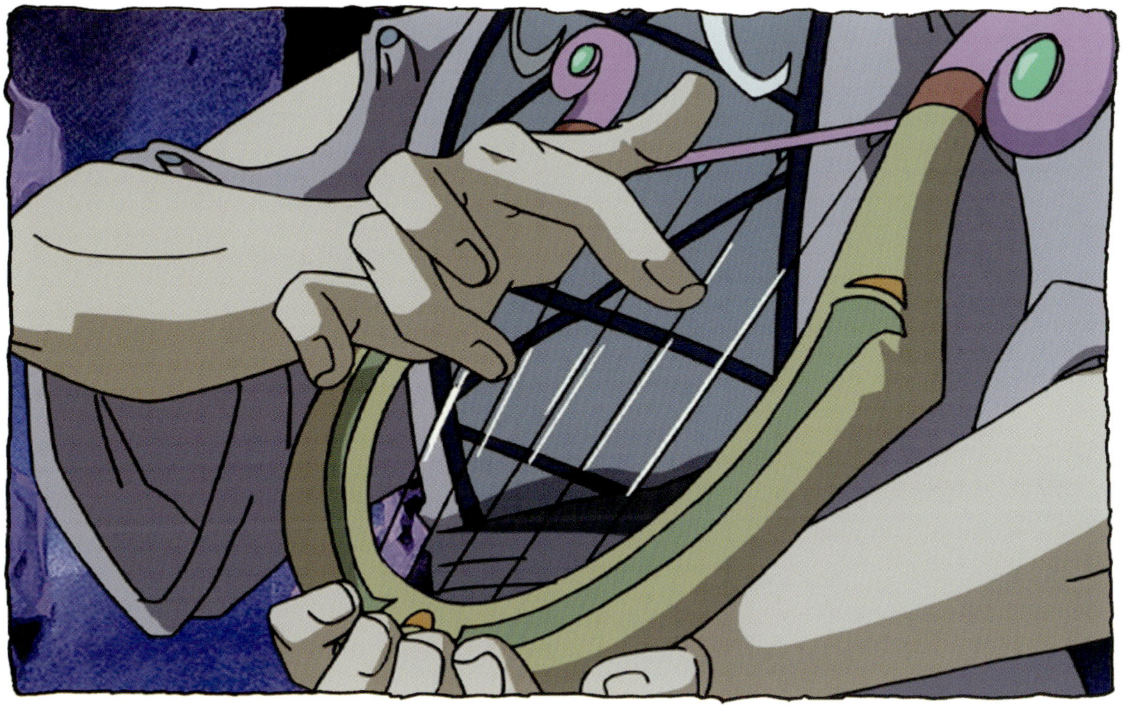

너 같은 사람들이 한둘이 아니라고. 죽음 앞에선 누구나 헤어지게 마련이지! 그렇게 보고 싶으면 죽어서 오면 되잖아!"

오르페우스는 이대로 물러설 수 없었습니다. 강만 건너면 에우리디케를 만날 수 있다고 생각했던 것입니다. 오르페우스는 품에서 리라를 꺼내 들고 현을 퉁기기 시작했습니다.

'저 녀석이 대체 무슨 *수작을 부리는 거지?'

*애원하다 소원이나 요구를 들어 달라고 애처롭게 사정하여 간절히 바라다.
*수작 남의 말이나 행동, 계획을 낮잡아 이르는 말.

오르페우스는 리라를 연주하면서 노래를 불렀습니다. 조용히 시작된 오르페우스의 노래는 에우리디케에 대한 그리움으로 점점 커져 갔습니다. 오르페우스를 못마땅하게 바라보던 카론의 표정이 어느 순간 바뀌기 시작했습니다.

오르페우스의 노래는 고집 세고 심술궂은 카론의 마음을 흔들어 놓았습니다.

'아, 도저히 저 젊은이의 말을 안 들어줄 수가 없군.'

카론은 오르페우스를 배에 태웠습니다. 오르페우스는 쉬지 않고 노래를 부르며 리라를 연주했습니다. 그러자 거세게 *일렁이던 시커먼 아케론 강조차 잔잔한 물결로 바뀌었습니다. 드디어 오르페우스를 태운 카론의 배가 하데스의 궁전 앞을 흐르는 스틱스 강까지 왔습니다. 멀리 하데스의 궁전이 보였습니다. 궁전 뒤로는 못된 영혼들이 갇혀 있는 무시무시한 타르타로스가 있었습니다.

*일렁이다 크고 긴 물건 따위가 이리저리 크게 흔들리다.

'호, 저기가 바로 하데스의 궁전이구나. 에우리디케, 조금만 기다려 주시오.'

오르페우스의 심장은 *두방망이질을 쳤습니다.

카론의 나룻배가 궁전 입구에 멈추었습니다. 오르페우스가 내리는 것을 보고 머리가 셋 달린 개가 으르렁거렸습니다. 저승을 지키는 개 케르베로스였습니다.

케르베로스는 산 사람이 지하 세계를 드나드는 것을 가만두지 않았습니다. 카론의 배를 타고 건너왔다 하더라도 케르베로스를 통과해야만 하데스의 궁전으로 들어갈 수 있었습니다.

지하 세계를 흐르는 다섯 개의 강

지하 세계에 있는 하데스의 궁전은 다섯 개의 강으로 둘러싸여 있어요. 첫 번째 강이 바로 아케론 강이에요. 여기서 영혼은 자신이 죽었다는 사실을 깨닫고 슬픔에 빠져요. 두 번째 강은 코퀴토스 강으로, 이 강은 영혼의 과거 모습을 강물에 비춰 보여 줘요. 세 번째 강은 불덩이가 흐르는 플레게톤 강이에요. 영혼은 이 강에서 자신의 혼을 불태워 깨끗하게 해요. 깨끗해진 영혼들은 레테 강을 지나는데, 이곳을 지나면 과거의 기억은 모두 잊고 새로운 영혼으로 거듭나요. 스틱스 강은 하데스의 궁전으로 가기 위해 지나야 하는 마지막 강이에요.

***두방망이질** 가슴이 매우 크게 두근거림을 비유적으로 이르는 말.

케르베로스는 오르페우스를 향해 마구 짖어 대며 금방이라도 물어뜯을 듯한 *기세로 달려들었습니다.

그 순간, 오르페우스는 리라를 연주하기 시작했습니다. 그러자 *험악한 케르베로스는 멈칫하더니 이내 꼬리를 흔들며 얌전해졌습니다. 오르페우스는 케르베로스가 리라 소리에 빠져 있는 틈을 타서 궁전 앞까지 무사히 걸어갈 수 있었습니다.

*기세 기운차게 뻗치는 형세.
*험악하다 인심, 성질, 태도, 생김새 따위가 흉악하다.

이윽고 오르페우스의 눈앞에 무시무시한 하데스의 궁전이 펼쳐졌습니다.

'드디어 에우리디케를 만날 수 있겠구나.'

오르페우스는 궁전 안으로 들어갔습니다. 검은 머리와 수염을 가슴까지 늘어뜨린 하데스가 왕비 페르세포네와 함께 앉아 있었습니다. 하데스와 페르세포네의 주변에는 무시무시하게 생긴 하인들이 있었습니다.

"하데스 님!"

오르페우스가 하데스를 부르자, 하데스는 깜짝 놀랐습니다. 산 사람이 멀쩡하게 지하 세계에 들어와 있었던 것입니다. 그것은 있어서도 안 되고, 있을 수도 없는 일이었습니다.

"괘씸한 것! 여기는 죽은 영혼만이 들어올 수 있는 곳, 나 하데스가 다스리는 지하 세계다. 너같이 살아 있는 녀석이 오는 곳이 아니란 말이다!"

하데스는 금방이라도 오르페우스를 타르타로스의 불구덩이로 집어던질 것 같았습니다. 오르페우스는 이글거리는 하데스의 눈을 똑바로 쳐다보았습니다.

"위대하신 지하 세계의 왕 하데스 님. 저는 트라키아의 왕 오이아그로스와 음악의 여신 칼리오페의 아들 오르페우스라고 합니다. 저는 지하 세계의 비밀을 파헤치고자 찾아온 것이 아닙니다. 또한 충실한 케르베로스와 힘을 겨루려고 온 것도 아닙니다. 간절한 소망이 하나 있어서 온갖 고생을 하면서 이곳까지

왔습니다. 부디 저를 내쫓지 말아 주십시오."

하데스는 화가 풀리지 않았습니다. 비록 오르페우스의 사정이 딱한 듯했지만, 오르페우스가 지하 세계에 온 것만은 용서할 수 없었습니다. 하데스가 단단히 화가 난 얼굴로 소리를 지르려 하자 오르페우스가 얼른 말을 이었습니다.

"하데스 님, 제 사연이 무엇인지 한 번만 들어 주십시오. 제발 부탁입니다."

하데스는 오르페우스의 말을 듣지 않고 오르페우스에게 무서운 벌을 내리려 했습니다. 그때 페르세포네가 하데스의 옷자락을 잡았습니다.

"저렇게 간절히 부탁하는데 어떤 사연인지 들어 보기나 해요."

페르세포네는 눈물을 흘리며 *호소하는 오르페우스의 이야기가 무엇인지 들어 보고 싶었던 것입니다.

*호소하다 억울하거나 딱한 사정을 남에게 하소연하다.

페르세포네의 말이라면 꼼짝 못하는 하데스는 하는 수 없이 오르페우스의 이야기를 들어 보기로 했습니다.

“그럼 어디 무슨 일로 지하 세계에 왔는지 말해 보거라.”

하데스가 고개를 끄덕였습니다. 말을 해 보라는 뜻이었습니다. 오르페우스는 숨을 가다듬고 리라를 켜기 시작했습니다.

구슬픈 리라 소리가 지하 세계에 울려 퍼졌습니다.

신화 뒷이야기

OLYMPUS GUARDIAN

오르페우스는 감동적인 음악을 만들어 내는 음악가입니다. 오르페우스의 어머니 칼리오페가 속한 무사이 자매는 음악뿐만 아니라 시와 연극, 춤 등에도 능했다고 합니다. 이렇게 예술 작품을 즐겨 만들고 표현하는 사람들을 '예술가'라고 합니다.

오르페우스는 산 사람은 절대로 갈 수 없는 지하 세계에 음악의 힘으로 도착할 수 있었습니다. 그는 누구도 해낼 수 없는 일을 한 것입니다. 그것은 바로 음악이라는 예술의 승리였습니다. 오늘날에도 수많은 예술가들이 활동하고 있습니다. 서로 다른 나라에 사는 사람들은 제각각 말이 다르지만 음악과 그림으로는 서로 뜻이 통합니다. 레오나르도 다빈치의 그림을 보려고 전 세계에서 사람들이 몰려듭니다. 또 전쟁 때문에 편을 갈라 싸우는 군사들도 좋아하는 음악은 서로 같을 수 있습니다. 이렇게 예술은 서로 다른 것들을 하나로 묶어 주는 힘이 있습니다.

오르페우스의 이야기에서 우리는 논리나 지식이 대신할 수 없는 예술의 힘을 엿볼 수 있습니다.

고대 그리스에서 가장 사랑받았던 예술가는 바로 시인이었습니다. 시인들은 간결한 언어로 삶과 죽음을 노래하고 영혼의 아름다움을 표현했습니다. 서사시와 같이 길고 복잡한 시 속에는 다양한 사건들이 펼쳐집니다. 이러한 시는 음악으로 연주되고 공연으로 펼쳐졌습니다. 사람들은 흥미진진한 볼거리와 들을 거리를 창조하는 예술가들을 사랑했습니다.

또 신들의 이야기를 말에 담아 전하는 이 신화도 예술의 한 분야입니다. 오르페우스에 관한 이야기는 후대에 베르디와 같은 음악가들, 루벤스와 같은 화가들, 빅토르 위고와 같은 작가들에게 *영감을 주었습니다. 이처럼 예술을 자극하고 영향을 주면서 다채로운 모습으로 발전하지요.

***영감** 창조적인 일의 계기가 되는 기발한 착상이나 자극.

올림포스 신들의 계보

크로노스 + 레아
하데스
지하 세계의 왕
포세이돈
바다의 신
제우스
신들의 왕
헤라
신들의 여왕,
제우스의 아내
헤스티아
난로 · 불의 여신
데메테르
대지의 여신
아테나
지혜 · 전쟁의 여신
제우스 + 메티스
아폴론
의술 · 음악의 신
제우스 + 레토
아르테미스
사냥 · 순결의 여신
아스클레피오스
의술의 신
아레스
전쟁의 신
제우스 + 헤라
헤파이스토스
대장간의 신
제우스 + 디오네
아프로디테
헤파이스토스의 아내,
미의 여신
에로스
사랑의 신
헤르메스
신들의 전령,
상업의 신
제우스 + 마이아
디오니소스
술의 신
제우스 + 세멜레
페르세포네
하데스의 아내
지하 세계의 여왕
제우스 + 데메테르

⚜ 그리스 로마 신화 주요 인물의 이름 ⚜

그리스 어	로마 어	영어
가이아	텔루스	
니케	빅토리아	나이키, 빅토리
데메테르	케레스	세레스
디오니소스	바쿠스	바커스
레아	키벨레	시벨레
아레스	마르스	마스
아르테미스	디아나	다이애나
아테나	아테네, 미네르바	
아폴론	아폴로	아폴로
아프로디테	베누스	비너스
에로스	쿠피드, 아모르	큐피드
오디세우스	울릭세스	율리시스
우라노스	카일루스	유러너스
제우스	유피테르	주피터
크로노스	사투르누스	새턴
페르세포네	프로세르피나	
포세이돈	넵투누스	넵튠
하데스	플루톤	플루토
헤라	유노	주노
헤라클레스	헤르쿨레스	허큘리스
헤르메스	메르쿠리우스	머큐리
헤스티아	베스타	
헤파이스토스	불카누스	벌컨

그리스 로마 신화 올림포스 가디언 37

에우리디케를 찾아 나선 오르페우스

펴낸이 양원석
펴낸곳 (주)알에이치코리아
등록 2004년 1월 15일 제2-3726호
주소 서울특별시 금천구 가산디지털2로 53, 20층 (한라시그마밸리)
문의전화 02)6443-8800

ISBN 978-89-255-4411-3(74800)
ISBN 978-89-255-4354-3(세트)

값 **12,800원**

원작 만화로 보는 그리스 로마 신화(가나출판사)
이광진 엮음, 홍은영 그림
명화 구입처 유로크레온(주)

※잘못된 책은 구입하신 곳에서 바꾸어 드립니다.
※책 모서리가 날카로워 다칠 수 있으니 사람을 향해 던지거나 떨어뜨리지 마십시오.

**알에이치코리아 홈페이지와 카페, SNS로 들어오시면 자사 도서에 대한 더 많은 정보와 다양한 이벤트 혜택을 확인할 수 있으며,
E-book몰에서는 전자북으로도 만나볼 수 있습니다.**

주니어RHK 홈페이지 http://jrrhk.com | **E-book몰(RHK북스)** http://ebook.rhk.co.kr | **북카페** http://cafe.naver.com/randomhousekorea
페이스북 https://www.facebook.com/rhk.co.kr | **트위터** @randomhouse_kr | **유튜브** http://www.youtube.com/randomhousekorea